# BEI GRIN MACHT SICH IHR
# WISSEN BEZAHLT

AF139749

- Wir veröffentlichen Ihre Hausarbeit,
  Bachelor- und Masterarbeit

- Ihr eigenes eBook und Buch -
  weltweit in allen wichtigen Shops

- Verdienen Sie an jedem Verkauf

## Jetzt bei www.GRIN.com hochladen
## und kostenlos publizieren

**Bibliografische Information der Deutschen Nationalbibliothek:**

Die Deutsche Bibliothek verzeichnet diese Publikation in der Deutschen National-
bibliografie; detaillierte bibliografische Daten sind im Internet über http://dnb.d-
nb.de/ abrufbar.

**Impressum:**

Copyright © 2017 GRIN Verlag
Druck und Bindung: Books on Demand GmbH, Norderstedt Germany
ISBN: 9783668805439

**Dieses Buch bei GRIN:**

https://www.grin.com/document/442307

Carla Schillings

**Psychologie des Gesundheitsverhaltens. Selbstwirksamkeit, chronische Erkrankungen und das Beratungsgespräch**

GRIN Verlag

Deutsche Hochschule für

Prävention und Gesundheitsmanagement

Hermann Neuberger Sportschule 3

66123 Saarbrücken

# Einsendeaufgabe

**Fachmodul:**          Psychologie des Gesundheitsverhaltens

**Studiengang:**        Bachelor Gesundheitsmanagement

**Datum**
**Präsenzphase**        **24.04.2017 – 27.04.2017**

**Name, Vorname:**      Schillings, Carla

**Semester:**           **WS 2016**

# Inhaltsverzeichnis

# 1   Selbstwirksameitserwartung

## 1.1. Definition Selbstwirksamkeitserwartung

„Die Selbstwirksamkeitserwartung wird definiert als die subjektive Gewissheit, neue oder schwierige Anforderungssituationen aufgrund eigener Kompetenz bewältigen zu können." (Schwarzer, 2004, S.12). Die sogenannten Anforderungssituationen benötigen laut Schwarzer Anstrengung und Ausdauer der Handlungskompetenz, um eine Situation zu bewältigen. Die Selbstwirksamkeitserwartung ist ein wichtiger Faktor in der sozial-kognitiven Theorie Banduras (1986), und steht hier gegenüber dem Faktor der Handlungs-Ergebnis-Erwartung bzw. Konsequenzerwartung.

Ein Merkmal der Selbstwirksamkeitserwartung, auch Kompetenzerwartung genannt, ist, dass Selbstwirksamkeitserwartung durch Erfahrungen erlernt werden kann. Einfluss auf die Selbstwirksamkeit nimmt beispielsweise die Wahrnehmung der Umwelt oder die Wirkung der Mitmenschen auf ein Individuum.

## 1.2. Studie zur spezifischen Selbstwirksamkeit

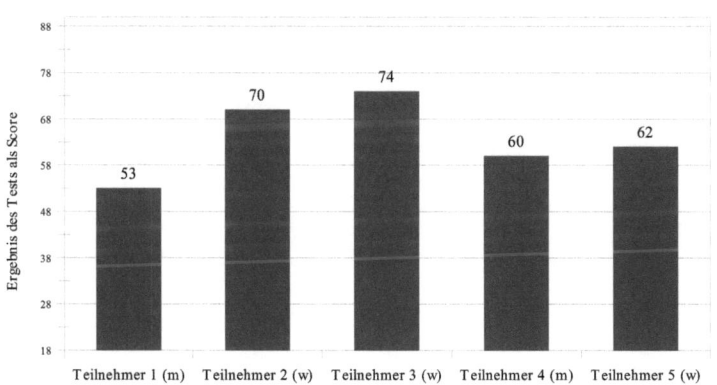

Abbildung 1: spezifische Selbstwirksamkeitserwartung zur gesunden Ernährung

In dem oben abgebildeten Säulendiagramm wird die Selbstwirksamkeit der fünf Test-personen dargestellt. Die Testpersonen sind zwischen 21 und 25 Jahre alt und arbeiten alle in einem Gesundheitszentrum im Bereich Gesundheitsmanagement. Zwei der Test-personen sind männlich, die anderen drei sind weiblichen Geschlechts.

Das Diagramm veranschaulicht die spezifische Selbstwirksamkeitserwartung zu gesunden Ernährung der Teilnehmer der Studie. Die Studie beinhaltet achtzehn Aussagen, wie selbstwirksam ein Individuum in einer bestimmten Situation wäre, um sich weiterhin gesund ernähren zu können. Diese Aussagen werden von der Testperson bewertet auf einer Skala von 1-5. „1" bedeutet gar nicht sicher, während „5" ganz sicher bedeutet. Je höher die Summe der Antworten ist, desto höher ist die Selbstwirksamkeitserwartung des Probanden.

Die Ergebnisse der spezifischen Selbstwirksamkeitserwartung der Probanden liegen zwischen 53 und 74, also im mittleren bis hohen Bereich. Der höchste Wert wäre 90, der niedrigste achtzehn. Die männlichen Testpersonen haben mit 53 und 60 einen niedrigen Score erreicht. Die weiblichen Testpersonen hatten folgende Ergebnisse: 62, 70 und 74.

Alle Probanden geben an, dass sie vor allem Schwierigkeiten haben, wenn sie in einer schlechten Stimmung sind, beispielsweise wenn sie Ärger oder Stress haben oder enttäuscht sind. Diese Situationen können sie mit den sogenannten Copingstrategien bewältigen.

Insgesamt kann man sagen, dass die Probanden dieser Studie eine mittlere bis hohe spezifische Selbstwirksamkeitserwartung bezüglich gesunder Ernährung haben. Diese mittlere bis hohe Selbstwirksamkeitserwartung könnte damit begründet sein, dass alle Probanden in einem Gesundheitszentrum arbeiten und eine vernünftige Risikowahrnehmung besitzen.

Um ein aussagekräftigere Ergebnisse und somit auswertbares Fazit ziehen zu können, müsste man eine größere, heterogenere Stichprobe untersuchen. Das heißt mehr Probanden unterschiedlichen Alters, Geschlechte, beruflichen Hintergrund und sozialen Schichten.

## 1.3. Vergleich zweier Studien zur Selbstwirksamkeit

Tabelle 1: Vergleich zweier Studien zur Selbstwirksamkeit

| | Dohnke et al. (2006) | Schneider & Rief (2007) |
|---|---|---|
| Fragestellung (en) | Wie hoch ist der Einfluss von Ergebnis- und Selbstwirksamkeitserwartung auf das Abschlussergebnis von Patienten nach stationärer/orthopädischer Rehabilitation nach einer OP für einen Hüftgelenkersatz?<br><br>Wird aufgrund der beiden Erwartungstypen der körperliche Gesundheitszustand und das emotionale Wohlbefinden durch behandlungsbezogene Erfahrungen beeinflusst? | Üben die Verbesserungen von erlebten Therapieerfolgen und Strategien zur Schmerzbewältigung, sowie die Abnahme der schmerzbedingten Beeinträchtigung Einfluss auf die Selbstwirksamkeitserwartung aus?<br><br>Welchen relativen Beitrag leisten Erfolge in diesem Bereich? |
| Stichprobe | 1065 Patienten (60% Frauen, 40% Männer)<br>Durchschnittsalter: 64,58 Jahre<br>13 Rehakliniken<br>Hauptdiagnose: Hüftarthrose (92%)<br>durchschnittliche Dauer der Rehabilitation: 22,64 Tage | 316 Patienten mit Somatoformer Ende: 298 Probanden<br>Schmerzstörung (85,1% Frauen, 14,9% Männer)<br>Durchschnittsalter: 47,9 Jahre<br>Eine Klinik<br>durchschnittliche Dauer der Behandlung: 38,4 Tage |
| Materialien/Test | Fragebogen über Alter, Geschlecht, Schmerzen, eingeschränkte ADL-Funktionen zu Zeitpunkt T1 (vor Reha-Beginn) und Zeitpunkt T2 (Reha-Ende)<br><br>Fragebogen über Ergebnis- und Selbstwirksamkeitserwartung zu Zeitpunkt T1<br>Fragebogen über Depressivität und behandlungsbezogene Erfahrungen sowie Arztangaben zu körperlichen Gesundheitsstand zu Zeitpunkt T1<br><br>Fragebogen zu Zeitpunkt T3 = 6 Monate nach Entlassung<br><br>11 numerische Skalen für drei Situationen, in der das operierte Hüft – TEP belastet wird | Fragebogen: bei Aufnahme und Abschluss einer stationären psychosomatischen Rehabilitation hinsichtlich Selbstwirksamkeitserwartungen, Schmerzbewältigungsstrategien, schmerzbedingter und allgemeinpsychischer Beeinträchtigung untersucht und bei Entlassung mit direktem Therapieerfolgsratings kreuzvalidiert |
| Untersuchungsdesign | Prospektive Beobachtungsstudie<br>Multizentrische Längsschnittstudie | Feldstudie |
| Hauptergebnisse | Je positiver die Ergebniserwartung und je höher die Selbstwirksamkeitserwartung vor dem Reha-Beginn waren, desto besser waren die Ergebnisse nach der Rehabilitation | Zwei Modelle, die 65% Varianz der Selbstwirksamkeit-Änderungen erklären<br><br>Verbesserung der Schmerzbewältigungsstrategien hat den stärksten Gesamteffekt auf die Steigerung der allgemeinpsychischen Beeinträchtigung<br><br>Fazit: Bei Patienten mit somatoformer Schmerzstörung ändern sich die Selbstwirksamkeitserwartungen in Abhängigkeit von Veränderungen der erlebten Beeinträchtigung und Schmerzbewältigungsstrategien |

Um den Vergleich zweier, in der Tabelle aufgeführten Studien zur Selbstwirksamkeitserwartung und Ergebniserwartung zu vertiefen, wird nun die Durchführung und das Ziel hinter dieser Studien analysiert.

Beide Studien haben ihre Ergebnisse anhand von Fragebögen erlangt. Eine weitere Gemeinsamkeit ist, dass Selbstwirksamkeitserwartung und Ergebniserwartung im Zusammenspiel agierten und analysiert wurden. Die Studien unterscheiden sich in der Diagnose und in der Anzahl der Kliniken in denen untersucht wurde mit unterschiedlicher Patientenanzahl, sowie ein unterschiedliche Durchschnittsalter.

„Das Ausmaß der Ergebniserwartung wird hingegen entscheidend durch die Höhe der Selbstwirksamkeitsewartungen beeinflusst: Patienten, die überzeugt waren, ihre Beschwerden verringern zu können, schienen auch (deshalb) bessere Ergebnisse zu erwarten." (Dohnke, 2006, S.18). Diese Auffälligkeit beweist das genaue Gegenteil zu der zweiten Studie: „Bei Patienten mit somatoformer Schmerzstörung ändern sich Selbstwirksamkeitserwartungen in Abhängigkeit von Veränderungen der erlebten Beeinträchtigungen und Schmerzbewältigungsstrategien" (Schneider & Rief, 2007, S.46)

Der direkte Vergleich der Ergebnisse lautet also, dass je höher die Selbstwirksamkeitserwartung bei Studie 1 war, desto positiver war die Ergebniserwartung, während in Studie 2 Ergebniserwartung die Selbstwirksamkeitserwartung unterstützt und erhöht hat.

# 2 Literaturrecherche – chronische Erkrankungen

## 2.1. Definition chronische Erkrankung

Eine Krankheit ist schwerwiegend chronisch, wenn sie wenigstens ein Jahr lang mindestens einmal pro Quartal ärztlich behandelt wurde (Dauerbehandlung) und eines der folgenden Merkmale vorhanden ist:

a) Es liegt eine Pflegebedürftigkeit der Pflegestufe 2 oder 3 nach dem zweiten Kapitel des Elften Buches Sozialgesetzbuch vor.

b) Es liegt ein Grad der Behinderung (GdB) von mindestens 60% nach § 30 des Bundesversorgungsgesetzes oder eine Minderung der Erwerbsfähigkeit (MdE) von mindestens 60% [ … ].

c) Es ist eine kontinuierliche medizinische Versorgung (ärztliche oder psychotherapeutische Behandlung, Arzneimitteltherapie, Behandlungspflege, Versorgung mit Heil- und Hilfsmitteln) erforderlich, ohne die nach ärztlicher Einschätzung eine lebensbedrohliche Verschlimmerung, eine Verminderung der Lebenserwartung oder eine dauerhafte Beeinträchtigung der Lebensqualität durch die aufgrund der Krankheit nach Satz 1 verursachte Gesundheitsstörung zu erwarten ist. (Deutsches Ärzteblatt, 2004, S.458)

Die oben aufgeführte Definition von chronischen Erkrankungen des Beschlusses des gemeinsamen Bundesausschusses schließt unter anderem die Erkrankung Diabetes mellitus mit ein. Diabetes mellitus gehört zu den chronischen Erkrankungen und muss regelmäßig behandelt werden, da sie unheilbar ist. Diabetes mellitus bezeichnet eine heterogene Störung des Stoffwechsels und somit eine chronische Hyperglykämie (Kerner & Brückel, 2012, S. 84). Diese Hyperglykämie ist entweder gekennzeichnet durch eine gestörte Wirkung des Insulins oder eine Störung der Insulinbildung. Diabetes mellitus ist nach Rinninger und Greten (1998) charakterisiert durch einen chronisch erhöhten Blutzucker.

Diabetes ist vor allem bekannt unter dem Begriff der Zuckerkrankheit. Es gibt zwei Typen Diabetes mellitus - Typ I und Typ II. Typ I bezeichnet eine Zellzerstörung, die zu einem Insulinmangel führt, die oftmals schon im Kindheitsalter ausbricht (Kerner & Brückel, 2012, S.84). Typ I Diabetes ist also ein insulinabhängiger Diabetes. Weiterhin gibt es noch andere spezifische Diabetes Typen, jedoch bezieht sich der folgende Text auf den Diabetes mellitus Typ II, der im folgendem Abschnitt näher beschrieben wird.

## 2.2. Theoretische Grundlagen und Entstehung

„Kennzeichen des Typ-II-Diabetes-mellitus ist die chronische Hyperglykämie. Diese, meist bei älteren und häufig übergewichtigen Personen auftretende Diabetesform ist pathophysiologisch durch eine verminderte Insulinwirkung, d. h. Insulinresistenz, und eine gestörte Insulinsekretion charakterisiert" (Rinniger & Greten, 1998).

Dies bedeutet, dass Typ II ein insulinunabhäniger Diabetes ist. Diabetes kann mit einer Messung mehrfach erhöhter Blut-Glukosewerte an mindestens zwei Tagen diagnostiziert werden. Ein normaler Blut-Glukose-Wert liegt bei $\leq$ 100 mg/dl ($\leq$ 5,6 mmol/l) im venösen Plasma (Roden, 2004). Eine gestörte Glukosetoleranz ist, wenn Glukose > 140 mg/dl, aber < 200 mg/dl 2 Stunden nach 75 g Glukose (Roden, 2004).

Adipositas, körperliche Inaktivität, Schwangerschaften, Lebererkrankungen, Endokrinopathien, Stressfaktoren und ausgewählte Medikamente können die Manifestation des Typ-II-Diabetes-mellitus begünstigen. (Rinniger & Greten, 1998) Auch das zunehmende Alter ist ein Risikofaktor, denn mit der Alterung verschlechtert sich die Insulinsekretion und die Insulinintesivität. Dabei muss es nicht zwingend zu Diabetes mellitus kommen. Diabetes mellitus tritt erst bei negativen Umwelteinflüssen oder ungünstigen genetischen Veranlagungen auf. Bei Personen mit Diabetes mellitus kann die Betazelle die Insulinresistenz nicht mehr mit einer vermehrten Insulinsekretion ausgleichen. (Schäfer & Fritsche, 2007)

## 2.3. Aktuelle Daten und Zahlen

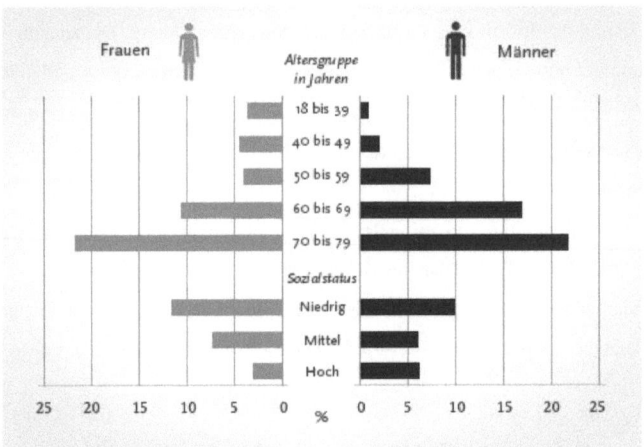

Abbildung 1.: Verteilung von diagnostiziertem Diabetes mellitus - Anteile an der gleichaltrigen Bevölkerung, aufgeschlüsselt nach Altersgruppen sowie nach Sozialstatus (RKI, 2016)

In der abgebildeten Grafik des Robert-Koch-Instituts vom Jahr 2016, dessen Studie im Jahr 2008 bis 2011 erhoben wurde, erkennt man eine Verteilung der an Diabetes mellitus erkrankten Bürger in Deutschland. Während die Frauen im Alter von 18 bis 39 Jahren mit circa 3% betroffen sind, jedoch bis 59 Jahren relativ konstant bleibt, steigt die Prävalenz von Diabetes mellitus bei den Männern stetig an. Die erste genannte Altersgruppe (18-39) liegt bei höchstens 2% Prävalenz von Diabetes und in der letzten bemessenen Altersgruppe (70-79 Jahre) sind die diagnostizierten Fälle bei über 20%. Die Verteilung von Diabetes liegt in der Altersstufe 70-79 Jahre bei Männern und Frauen ungefähr gleich. Ein signifikanter Unterschied ist im Alter von 50-59 Jahren zu sehen. Frauen sind deutlich weniger an Diabetes mellitus erkrankt als Männer.

Der Studie ist außerdem zu entnehmen, dass die chronische Erkrankung abhängig von der sozialen Schicht ist. Je höher der Sozialstatus ist, desto niedriger ist die Prävalenz von Diabetes in der sozialen Schicht. Vermutlich liegt dies an der mangelnden Aufklärung der niedrigeren sozialen Schicht.

## 2.4. Präventions- und Interventionsprogramme zur Reduktion von Gesundheitsrisiken

Schäfer und Fritsche (2007) haben in der deutschen Zeitschrift für Sportmedizin die Genetik und Umwelt in der Pathogenese und Prävention des Typ 2 Diabetes mellitus erforscht. In der Studie von Schäfer und Fritsche (2007) wird die These aufgestellt, dass durch Lebensstilintervention der Typ II Diabetes verhindern lassen kann. Durch diese individuelle Intervention soll eine erfolgreiche Prävention ermöglicht werden.

Um den Anstieg von 220 Millionen Erkrankten (2010) auf 366 Millionen Erkrankte (2030) zu verhindern, müssen Präventionsmaßnahmen ergriffen werden. (Schäfer & Fritsche; zitiert nach Zimmet & Alberti & Shaw, 2002, S.782-787)

Um diesen massiven Anstieg der Erkrankten zu verhindern, hat das Bundeswehrkrankenhaus Westerstede ein Diabetes-Typ-2-Interventionsprogramm durchgeführt. Denn auch die Bundeswehr wird durch steigende Prävalenz von Diabetes vor neue Herausforderungen gestellt. Der Hintergrund dieses Interventionsprogramms ist es, die Leistungsfähigkeit der Soldaten mit Präventions- und Therapiemaßnahmen zu erhalten. (Gräntzdörffer, Schumann, Sievert, Leyk, 2013)

Mit dem Diabetes-Interventionsprogramm (DIP) werden die Teilnehmer des Programms drei Wochen in der teilstationären Interventionsphase betreut und geschult, um Diabetes eigenständig im Alltag zu behandeln. Vor Beginn des Interventionsprogramms werden anthropometrische und diabetologische Blutparameter erhoben. (Gräntzdörffer, Schumann, Sievert, Leyk, 2013) Durch die regelmäßige Verlaufskontrolle nach sechs Wochen, drei Monaten und sechs Monaten wird der Erfolg analysiert.

Im ersten Jahr haben 52 männliche Teilnehmer eine signifikante Verbesserung der Stoffwechselregulation erzielt durch einen Anstieg an HbA1c von 6,5% (Gräntzdörffer, Schumann, Sievert, Leyk, 2013)

Das Diabetes-Interventionsprogramm besteht aus Schulungen für Ess- und Bewegungsverhalten, Diabetesschulungen, psychologische Betreuung, klinische Untersuchungen, als auch eine Verlaufskontrolle. Allgemein wird sehr viel informiert, beraten und aufgeklärt.

## 2.5. Konsequenzen für eine gesundheitsorientierte Beratung

In einer gesundheitsorientierten Beratung mit einem chronisch Erkrankten, in dem Fall mit der Krankheit Diabetes, muss der Berater dem Erkrankten Mut und Unterstützung geben. Da eine chronische Erkrankung nicht heilbar ist, ist es für den Patienten wesentlich schwerer Motivation zu schöpfen. Umso wichtiger ist, dass der Berater dem Patienten Kraft gibt mit der Erkrankung im Alltag umzugehen.

Bei Diabetes kann der Berater dem Patienten die Hoffnungslosigkeit nehmen, indem er Empfehlungen über körperliche Aktivität oder eine gesunde Ernährung ausspricht, die den Umgang mit Diabetes erleichtern. Die wichtigste Rolle in dieser Beratung gilt der Aufklärung über die Erkrankung und dem Umgang mit der Chronifizierung.

# 3 Beratungsgespräch

## 3.1. Modell des Gesundheitsverhaltens

Das zweite Fallbeispiel kann mit dem Rubikonmodell in die prädizisionale Phase mit dem Schritt in die präaktionale Phase eingeordnet werden. Die prädizisionale Phase ist die Phase der Intention, in der Motivation geschöpft wird, vor allem durch die Zielbildung und Zielaktualisierung. Im vorliegendem Fall leidet Herr Fischer unter regelmäßigen Rückenschmerzen. Er formuliert ein klares, handlungswirksames Ziel, seine Rückenschmerzen zu reduzieren oder idealerweise zu bekämpfen. Die Überschreitung des Rubikons bedeutet, dass unverbindliche Wünsche zu Zielintentionen werden. Was zur Überschreitung des Rubikons noch fehlt, ist der Entschluss zur Handlung. Durch das Überschreiten des Rubikons und die Erarbeitung eines handlungswirksamen Ziels, gelangt der Kunde in die präaktionale Phase. In der präaktionalen Phase fasst der Kunde den Entschluss der Verhaltensveränderung und erstellt einen Handlungsplan mit dem genauen Handlungsbeginn. Um diesen Plan auch durchzuführen, muss der Kunde die aktionale Phase durchlaufen, die durch Handlungskontrollen und Aktionsinitiierung begleitet wird. Abschließend wird eine Handlungsbewertung in der postaktionalen Phase erfasst, um einen Aktionsabschluss zu erzielen.

Da der Kunde sich in der Intentions- beziehungsweise Zielbildungsphase befindet, ist es die Aufgabe des Beraters ein Problembewusstsein des Kunden zu schaffen mit dem gesundheitspsychologischen Ziel, den Kunden für sein Problem zu sensibilisieren. Der Kunde muss gesundheitspsychologisch über die Risiken seines Verhaltens und seines Rückenleidens aufgeklärt werden. Das Ziel der Aufklärung ist es, das körperliche und geistige Wohlbefinden des Kunden zu stärken und persönliche Ressourcen dafür zu nutzen. Dies gelingt unter anderem mit der Kosten-Nutzen-Waage, indem die Vor- und Nachteile, seine Rückenschmerzen zu beseitigen, analysiert werden.

In dem Fallbeispiel kann man mit einer besseren Ausführung seines Berufs argumentieren und dem Umgang mit Belastungen aufgrund der Rückenschmerzen. Mit der Beseitigung oder Reduzierung des Schmerzes wird die Lebensqualität gesteigert. Zusätzlich fällt er seinen Arbeitskollegen zur Last, indem er nicht komplett funktionstüchtig ist und eventuell auch öfter krankheitsbedingt ausfallen muss. Diese soziale Ressource der Unterstützung der Mitarbeiter ist ein wichtiges Bedürfnis des Kunden.

Eine gesundheitsbezogene und körperlich aktive Ressource ist das Fußballspielen. Mit diesem Motiv kann man ihn auffordern wieder körperlich aktiv zu werden. Sein Rückenleiden machte sich erst bemerkbar, nachdem er inaktiv wurde und sich seine Muskulatur langsam abgebaut hat.

Zuletzt kann man dem Kunden vor Augen führen, was sich alles verändern würde, wenn er sein Verhalten optimiert, wodurch die Rückenschmerzen ausgelöst werden. Dies kann man gut mit dem Vierfelder Schema verdeutlichen. Der Kunde muss motiviert, seine Selbstwirksamkeit aufgebaut, ebenso wie die Ergebniserwartung gestärkt werden.

Um das handlungswirksames Ziel explizit zu formulieren, wird es nun abschließend aufgegriffen: der Kunde formuliert aus eigenem Antrieb das Ziel, seine Rückenschmerzen zu reduzieren oder gar zu bewältigen. Die oben genannten gesundheitspsychologischen Ziele unterstützen das handlungswirksame Ziel.

## 3.2 Rolle des Beraters

Die Rolle des Beraters besteht darin, mit dem Patienten auf ein handlungswirksames Ziel hinzuarbeiten und ihn dabei zu unterstützen, sein Rubikon zu überwinden. Das Ziel der Beratung ist es, die Selbstwirksamkeit des Kunden zu stärken. Um als Berater optimal darauf vorbereitet zu sein, soll dieser sich nicht nur organisatorisch, sondern auch mental auf die Beratung vorbereiten. Dies bedeutet, die Unterlagen bereitzulegen und in der Lage zu sein, sich selber, die Situation und den Klienten einzuschätzen. (Haeske, 2008, S. 83-84)

Nach der Kontaktaufnahme durch die Begrüßung, dessen wichtige Bestandteile unter anderem die Mimik, Gestik, Körperhaltung und Erscheinungsbild sind, wird eine persönliche Beziehungsebene aufgebaut, um dem Kunden mit Vertrauen entgegen zu wirken.

Mit verschiedenen offenen Fragen soll der Berater eine personenzentrierte Haltung einnehmen. Er versetzt sich in die Lage des Kunden, filtert seine Interessen und öffnet das Problembewusstsein des Kunden. Mit diesen offenen Fragen wird der Berater dem Kunden dabei helfen, eigene Lösungen für seine Ziele zu finden. Dieses Vorgehen bezeichnet die Hilfe zur Selbsthilfe. Nachdem der Kunde sein Problembewusstsein mit Zielen betitelt, die er erreichen will, schreitet der Berater ein, um weitere Lösungsvorschläge zu finden oder zu verbessern. Abschließend muss der Kunde aus der Beratung das Fazit ziehen, sein Verhalten zu ändern und zu fördern.

## 3.3. Gesprächsverlauf

*Berater*: Guten Tag Herr Fischer, was führt Sie denn zu uns?

*Kunde*: Um Ihnen kurz meine Lage zu erklären: ich leide unter fürchterlichen Rücken schmerzen. Das merke ich tagtäglich, auf der Arbeit, in meiner Freizeit und in jeder anderen beliebigen Situation.

*Berater*: Seit wann treten Ihre Rückenschmerzen denn so regelmäßig auf?

*Kunde*: Seit ungefähr einem Jahr klage ich darüber. Davor habe ich noch nie etwas da von verspürt.

*Berater*: Was denken Sie denn, woher Ihre Rückenschmerzen kommen? Sind Sie körperlich inaktiv? Auch durch Ihren Job eventuell?

*Kunde*: Ich denke, dass das natürlich durch meinen Job kommt. Ich bin verbeamtet und arbeite beim Jugendamt. Da gehört eine sitzende Tätigkeit zum Alltag. Früher als ich noch körperlich aktiv war durch das Fußballspielen, hatte ich einen guten Ausgleich zu meinem Berufsalltag.

*Berater*: Was wollen Sie denn konkret ändern, damit Ihre Situation sich verbessert? Wollen Sie wieder körperlich aktiv werden?

*Kunde*: Mein Wunsch wäre es, meine Rückenschmerzen zu reduzieren oder sogar ganz zu beseitigen. Es stört mich vehement in meinem Alltag. Für diese Veränderung würde ich auch wieder körperlich aktiver werden, jedoch bin ich zum Fußball spielen noch zu schwach aufgrund meines Rücken.

*Berater*: Wie würde sich Ihre Situation denn weiterentwickeln, wenn Sie nichts an ihrem Verhalten ändern? Zählen Sie doch mal bitte die Vor- und Nachteile Ihres Verhaltens auf.

*(Bezweckt mit der Frage das Vierfelder Schema)*

*Kunde*: Wenn ich nichts ändere, weiß ich, dass ich regelmäßiger auf der Arbeit ausfallen werde. Mit diesen Rückenschmerzen kann ich keine acht Stunden mehr im Büro am Schreibtisch verbringen. Hinzu kommt, dass ich dann meine Arbeitskollegen im Stich lasse. Durch das Fußballspielen hatte ich noch immer ein soziales Umfeld, Freunde, die ich regelmäßig getroffen habe. Das fehlt mir ebenfalls. Wenn ich so weitermache, werde ich mich in meiner Haut nicht mehr wohlfühlen. Vielleicht werden diese Rückenschmerzen sogar chronisch. Vorteile sehe ich in meinem Verhalten momentan eigentlich gar nicht. Durch die Rückenschmerzen bin ich froh, wenn ich zuhause bin und mich auf mein Sofa legen kann. Meine Frau ist auch immer total genervt, weil wir nichts mehr gemeinsam unternehmen können.

*Berater*: Ich sehe, dass Ihnen Ihr Problem sehr bewusst ist. Was hindert Sie denn daran, etwas zu ändern? Welche Schwierigkeiten haben Sie? *(Überwindung Intentions-Verhaltens-Lücke)*

*Kunde*: Ich weiß noch nicht genau, was ich gegen meine Rückenschmerzen machen kann. Mir fehlt das nötige Wissen und die nötige Motivation, mein Vorhaben umzusetzen.

*Berater*: Wer kann Sie denn bei Ihrem Vorhaben unterstützen und Ihnen Motivation geben? *(soziale Ressourcen)*

*Kunde*: Auf der Arbeit bräuchte ich dringend Unterstützung, ob es von meinen Kollegen die Unterstützung ist und in meiner Freizeit von meiner Frau.

*Berater*: Ich würde Ihnen vorschlagen, sich mal darüber zu informieren, ob es bei Ihnen im Beruf nicht eine Möglichkeit gibt, erstmals Ihre Arbeitsverhältnisse rückenschonend anzupassen. Das bedeutet: ergonomische Stühle und höhenverstellbare Tische. Des Weiteren gibt es die Möglichkeit Rückenschulkurse zu be-

suchen. Diese werden sogar teilweise von der Krankenkasse unterstützt. In die
sen Kursen lernen Sie, wie Sie mit den Rückenschmerzen umgehen können in
Ihrem Alltag, wie Sie Ihre Lebensqualität steigern diesbezüglich. Sie lernen
Übungen kennen, die Sie regelmäßig zuhause machen können, um Ihren Rücken
zu kräftigen, zu mobilisieren und zu dehnen. Ihre Frau kann Sie natürlich auch
dorthin begleiten. Vielleicht können Sie auch mit Ihren Freunden zum Krafttraining gehen. Es gibt einige Möglichkeiten für Sie. Wir können gerne einmal gemeinsam die Vor- und Nachteile abschätzen und gegenüberstellen, wieder körperlich aktiv zu werden.

*(Kosten-Nutzen-Waage, Information und Aufklärung)*

*Kunde*: Die Nachteile sind, dass Krafttraining sehr zeitaufwändig ist und hohe Kosten
auf mich zukommen. Ich mache das Krafttraining trotzdem alleine und habe
mein soziales Umfeld nicht bei mir, ein Team- oder Gruppensport ist einfach etwas anderes.

Andererseits weiß ich auch, dass ich mit einem Krafttraining oder eine Rücken
schule schneller an mein Ziel komme, meine Rücken wieder zu stärken und die
Rückenschmerzen zu lindern. In einen Rückenschulkurs kann ich auch meine
Frau mitnehmen oder einen Freund. Ich lerne Übungen kennen, die ich täglich
anwenden kann und weiß mein Verhalten auf der Arbeit einzuschätzen, wie ich
mich rückenschonend bewegen kann. Der Austausch unter Gleichgesinnten ist
bestimmt auch hilfreich, um sich zu motivieren oder mit jemandem zu reden, der
mich verstehen kann. Ich denke, dass ich insgesamt zufriedener mit mir selbst
sein und ein ausgeprägtes Wohlbefinden haben werde. Und zu guter Letzt kann
ich vielleicht wieder mit meinen Freunden Fußballspielen.

*Berater*: Herr Fischer, ich muss Sie einmal loben für Ihre grandioses Problembewusstsein. Ich merke, dass Sie etwas ändern möchten. Welches Ziel haben Sie denn
genau?

*Kunde*: Vielen Dank. Ich möchte meine Rückenschmerzen im ersten Schritt reduzieren
und auf längere Sicht bewältigen.

*Berater*: Um Ihr Ziel einmal zu konkretisieren, können wir ein spezifischeres Ziel ver-
fassen. Sie möchten ihre Rückenschmerzen bewältigen, indem Sie mit Ihrer Frau
gemeinsam Rückenschulkurse belegen, damit Sie in 6 Monaten nicht mehr unter
Rückenschmerzen leiden müssen. Stimmen Sie mir zu? *(SMART-Formel)*

14/17

*Kunde*: Das ist genau richtig. Wenn ich das erreicht habe, werden Sie mich mit meinen Freunden wieder auf dem Fußballplatz finden. Wie beginne ich denn jetzt am Besten? Weil viel Zeit habe ich ja eigentlich nicht für einen Rückenkurs.

*Berater*: Ich schlage Ihnen vor, sich folgenden Rückenschulkurs einmal anzuschauen, da können Sie auch gleich nächste Woche mit starten, Ihre Frau wird sie sicherlich unterstützen und begleiten. Am Besten sprechen Sie morgen mit Ihrem Vorgesetzten über die Anpassung der Arbeitsverhältnisse. Und um den Einwand mit der Zeit zu beschwichtigen, möchte ich Ihnen sagen, dass der Kurs nur einmal in der Woche stattfindet und diese Übungen können Sie auch zuhause machen und sich dementsprechend einteilen.

*Kunde*: Dann werde ich damit morgen anfangen. Ich danke Ihnen für Ihre unterstützende und ermutigende Beratung. Sie haben mir viel Motivation gegeben. Auch mein Problem mit dem Zeitaufwand wird sich sicherlich gut lösen können.

*Berater*: Das habe ich gerne getan. Wie wäre es, wenn wir uns in drei Monaten nochmal wiedersehen für ein kurzes Zwischengespräch, um Ihre Zielverfolgung nochmal zu aktualisieren?

*Kunde*: Das halte ich für eine gute Idee. Auf Wiedersehen!

# 4 Literaturverzeichnis

Bandura, A. (1986). *Social foundation of thought and action. A social cognitive theory.* Englewood Cliffs: Pretenice Hall.

Dohnke, B., Müller, Fahrnow, W. & Knäuper, B. (2006). Der Einfluss von Ergebnis- und Selbstwirksamkeitserwartungen auf die Ergebnisse einer Rehabilitation nach Hüftgelenkersatz. *Zeitschrift für Gesundheitspsychologie, 14* (1), 11-20

G-BA. (2004). (Hrsg.). Richtlinie zur Definition schwerwiegender chronischer Krankhei ten im Sinne des § 62 SGB V. *Deutsches Ärzteblatt, 7,* 458

Grantzdörffer, T. & Schumann, U. & Sievert, A. & Leyk, D. (2013). Etablierung eines Diabetes-Typ-2-Interventionsprogramm am – Bundeswehrkrankenhaus Wester- stede, *Wehrmedizinische Monatsschrift. 57,* 176-182

Haeske, (2008). *Studienbrief Psychologie des Gesundheitsverhaltens – Grundlagen der Beratung* (Rev. 15.019.000) Saarbrücken: Deutsche Hochschule für Prävention und Gesundheitsmanagement.

Kerner W. & Brückel J. (2012). *Diabetologie und Stoffwechsel.* (3. Auflage): Stuttgart: Georg Thieme Verlag.

Rinninger, F. & Greten, H. (1998). Glukosestoffwechsel. In: G. Schettler & H. Greten (Hrsg). *Innere Medizin.* Stuttgart: Georg Thieme Verlag.

Roden, M. (2004). *Diabetes mellitus – Definition, Klassifikation und Diagnose. Acta Medica Austriaca.* Österreich: Springer-Verlag.

Schäfer S. & Fritsche A. (2007). Genetik und Umwelt in der Pathogenese und Präventi- on des Typ 2 Diabetes mellitus. *Deutsche Zeitschrift für Sportmedizin, 58* (10), 365-367

Schneider, J. & Rief, W. (2007). Selbstwirksamkeitserwartungen und Therapieerfolge bei Patienten mit anhaltender somatoformer Schmerzstörung (ICD-10: F45.4). *Zeitschrift für Klinische Psychologie und Psychotherapie, 36* (1), 46-56

Schwarzer, R. (1992). *Psychologie des Gesundheitsverhaltens,* 3. Aufl.: Göttingen; Ho- grefe Verlag.

# 5    Abbildungs- und Tabellenverzeichnis

## 5.1  Tabellenverzeichnis

Tab. 1: Vergleich zweier Studien zur Selbstwirksamkeit (eigene Darstellung, zitiert nach: Dohnke, Müller, Fahrnow, Knäuper. 2006. S. 11-20 & Schneider, Rief, 2007, S. 46-56)

## 5.2  Abbildungsverzeichnis

Abb. 1: spezifische Selbstwirksamkeit zum Thema zur gesunden Ernährung (eigene Darstellung)

Abb. 2: Verteilung von diagnostiziertem Diabetes mellitus - Anteile an der gleichaltrigen Bevölkerung, aufgeschlüsselt nach Altersgruppen sowie nach Sozialstatus (Robert Koch-Institut (2016) modifiziert nach DEGS1)